T0179025

verso & cuento

No bastó con querer

Loreto Sesma

Papel certificado por el Forest Stewardship Council®

Primera edición: abril de 2021

Printed in Spain – Impreso en España

ISBN: 978-84-03-52259-6
Depósito legal: B-793-2021

Compuesto en Mirakel Studio, S.L.U.
Impreso en Gómez Aparicio, S.L.,
Casarrubuelos (Madrid)

AG 2 2 5 9 6

A ti,
por no olvidarte nunca de que no podía olvidar
y sanar con amor todas las heridas del pasado
XII

«Me dirán: –Aquella
que tú amas,
no es mujer para ti,
¿por qué la quieres? Creo
que podrías hallar una más bella,
más seria, más profunda,
más otra, tú me entiendes, mírala qué ligera,
y qué cabeza tiene,
y mírala cómo se viste
y etcétera y etcétera».

PABLO NERUDA

Hipertimesia

Condición de la memoria, consistente en el aumento de la función de evocación, sin que se observe una hiperfunción en cuanto a la capacidad de almacenamiento.

1. La persona utiliza una cantidad anormalmente grande de tiempo en pensar sobre su pasado personal;
2. La persona tiene una extraordinaria capacidad para recordar eventos específicos del pasado en general, y personal.

Uno

Olvida la incertidumbre
en el desgaste de la enfermedad
clavándose ya entre los pliegues.

Olvida el recuerdo de puntas esquinadas
que empieza a cubrir de mantillas negras
la última rosa del jardín.

Olvida que ayer fuiste herida
y todavía late si cierras los ojos
aquel dolor que en cambio ya no llora.

Inventa una salida y huye;
olvídate de amar
si quieres ser un enamorado.

Llora la pérdida antes de enterrar,
busca lo que queda de agua entre la sangre.

Todos me obligan a olvidar,
 cínica paradoja,
que nací sin más dones
que mi memoria.

Dos

Llórame un río de ausencias
en esta vida hecha de silencio y maletas.

Me dejas aquí rumiando,
masticando la carne ya muerta,
los miedos.

En el eco del pensamiento deja de existir el tiempo
y el infinito es un calendario que escapa de los finales.

A veces la vida es sencilla
otras,
en cambio,
siento que estoy tan rota
que ningún cuerpo podría hacer hoguera del hielo.

Tres

Si cedo el espacio de mi alegría
a la apatía de tu ausencia,
si cada vez se desestabiliza más la balanza
y se levantan las astillas de nuestros dedos...

Es sencillo:
se olvida la caricia
cuando se empieza a intuir la herida.

Cuatro

No incites al olvido
a quien ya olvida
para sobrevivir.

Cinco

Apenas puedo intuir el engranaje.
La trasnochada imagen del recuerdo
y una intuición resuenan de fondo,
como aquella sensación que ya se ha hecho hueco
en la memoria y cada vez se viste más de certeza.

La desconfianza es una sentencia
de yugo
a cadena perpetua.

Se puede dudar de todo:
las medias tintas
son el *coitus interruptus*
de las grandes historias.

Descuida.
Las palabras
siempre serán zorras inquietas
insinuándose con acertado descuido
para escupir el lubricante
y secar la verdad,
ese desierto en el que nada se percibe
cuando no queremos escuchar.

Seis

Quizás nos descomponemos como lo hace la materia:
consumidos por el fuego de una pasión pasada
y el agua de un amor que ya domina el tiempo.

Pasamos por este nuevo paso
que ya sabe a escala.

Subo otro escalón,
cada vez me pesa más el alma.

Cuánto tardará el reloj en decirme
que eres el próximo,
que ya te marchas.

Siete

Te querré todos los días de mi vida,
incluso aquellos que deje de quererte.

Pasearé los dedos por las costuras de tu sombra,
cicatrices ya cerradas
que retienen dentro la herida
y la luz.

Apenas podré mirarme la piel
sin entrever los arcos dactilares de tu caricia concéntrica,
como los animales
que marcan territorio dando vueltas sobre su presa.

Me inventaré,
si es que se puede inventar,
tu presencia
cuando no estés
y te querré todos los días de mi vida,
incluso aquellos en los que ya te haya dejado de querer.

Ocho

No se olvida la herida,
se mantiene
todavía caliente,
como un cuerpo recién muerto,
durante toda la vida.

A veces,
por eso,
se cuela en nuestras rutinas,
nos acompaña
como un lunar preciso
que se descubre al
besarlo.

Y sigue ahí,
esperando el momento
en el que un fogonazo de memoria
la recuerde
para volver a abrirse.

Nueve

Quien bien te quiere
querrá creer en las sequías.

Diez

El pasado es otro,
nada sabe de huellas.

Es un quizás acurrucado,
el espacio en blanco,
la laguna en la historia
donde el corazón escribe lo que quiso
pero ya no recuerda.

Un abrazo donde hubo sombras,
un gesto donde nacía la ausencia,
un desierto de esquinas
donde por no haber
no hay
ni memoria.

Once

Me pillas fuera de juego,
avivando las fogatas de la balanza,
ahora apuesto antes por los espejos.

Quizás este frío nace de la distancia
y del cigoto muerto por falta de cariño.

O quizás
es que tengo el alma condenada
a la silenciosa pero pesada
adicción a la soledad que dan las sombras.

Doce

Quizás apaciguar a la bestia
y redomesticar al animal
para que vuelva a entender el sentido de supervivencia.

La torpeza del que sabe de inspiración
y tiene que seguir los renglones de la hoja pautada

y vivir
—otra obligación de culminar—,
como en el sexo,
siempre a gusto del otro.

Es esta ficción condenatoria
de la nostalgia como forma de asfixia,
sensación adherida
a una piel mojada
de lágrimas
y de placer.

Trece

Como conquista la rabia un grito,
imperturbable, tu pupila sabe de hielo
y mi boca trata de deshacer tus ojos
con lo que me queda de aliento.

Los pulmones me piden que pise el freno,
así que he reducido la calma
al simple acto de estar contigo.

Siempre llega la hora inexacta
de quererte cuando te vas,
de perderte cuando te quiero,
de mirarme las manos vacías
buscando los restos de verdad
entre la realidad
y la visión subjetiva de la certeza.

Quiénes somos
si ni siquiera sabemos
quiénes fuimos.

Catorce

Llórame como se llora la tierra al enterrar los cuerpos,
como si en lugar de romperte el corazón,
te lo extirparan.

Como si quisieras creer en la anestesia del tiempo,
como si tuviéramos que recoger nuestra historia
como se recoge el cadáver de un amigo en el campo de batalla
segundos antes de firmar la paz.

Estuvimos a punto de,
casi llegamos a tiempo,
pero ahora
somos dos exiliados del cuerpo del otro,
dos cielos intentando ser un mismo horizonte
y que han perdido de vista toda orilla.

Quince

En la pérdida del cuerpo adherido a la desgana,
como la carne que acumula raíces
y parece partirse por la mitad
como se quiebran los
ancianos y los bosques,

apenas una caricia que ya solo habla del roce,
como el choque fortuito
de los hombros de dos desconocidos
a la salida del metro.

Acostumbrados a la sed del que siempre llega tarde
ahora nos sobra el tiempo
y ahogarnos en la comodidad de la
distancia ha multiplicado nuestras
sombras.

La erosión como táctica de desgaste.

Y una guerra menos que librar
cuando aún la garra joven
exige pólvora
y trincheras.

Dieciséis

A mí me gusta cuando sonríes
en la complicidad de lo prohibido
y el perdón de la distancia.

Diecisiete

Cúando empezamos a ser dos fetos
unidos por el recuerdo umbilical.

Desconocidos que parecieron saberse de otra vida,
que solo recuerdan los retazos de un rostro
que podría ser también de cualquier otro.

Perdimos el lenguaje que habíamos creado
y ya ni el signo del abrazo nos hace encontrarnos.

Dieciocho

Estoy agotada de vivir con el hedor
de la mente vomitando laberintos de puerta
cerrada, pensamientos cadavéricos
que hablan de traición y dolor,
de ti besando cuerpos más vivos que mis ruinas.

Peleo contra el miedo o la premonición,
con la psicosis autodestructiva
de que vivir en el limbo de la vida inestable
ya no me sabe a vuelo.

Todavía guardo en la campanilla
el escozor de sangre del grito con sed,
del que saborea la tierra,
como cuando se imantan
los labios al besar el hielo.

Todos mis infiernos caben en un beso
que temo perder
mientras lloro
cuando lo pierdo.

Diecinueve

¿Acaso mi cuerpo no se corresponde
con el ángulo de tu pupila
y me río tan alto que tus tímpanos se estremecen?

¿Acaso soy la suma incorrecta
de todos los resultados exactos
que tú buscas y yo no concibo
porque para mí la plenitud del todo
se aprecia precisamente en los espacios?

¿Acaso ahora esos desniveles
te parecen diferencias escalonadas
y no escaleras rumbo a potencias?

Quizás te pesa en la mirada
que nuestras sombras sean de distintos moldes.

Deberías saber que siempre fui la pieza que no
encaja y lo mismo que me hizo deslumbrar
a veces
ciega.

La luz
es lo único
que consigue matar la luz.

Veinte

Cuando la nada ya es todo
se escapa la ceniza de la niebla,
se ve a pesar del ojo enrojecido e irritado
de la pupila
que sigue en la resaca de un llanto.

Veintiuno

Ya sé que el pasado es una página
que ya ha sido bañada en fuego.

Sin embargo,
a veces quiero escapar de tus recuerdos,
que no son míos,
y aun así
me desgarran.

Veintidós

Ninguna casualidad es inocente,
ya pagué penitencias por pecados ajenos.

Me sé el castigo,
la culpa,
la plegaria.
Conozco de memoria el atajo inequívoco al Monte Calvario.

Así que perdona si no sigo tus pasos,
si me curo en salud
y no me curo de espanto,
que hace ya mucho tiempo
que decido en qué mieles
construyo mis propios infiernos.

Intento protegerme tras el olvido voluntario
del que confunde un latido con el chasquido:
origen y sedimento de las grandes explosiones.

Querré decirte que te vayas
cada vez que intuya que has fingido la amnesia
como un gemido pornográfico.

No bastó con querer

Veintitrés

Miré mis manos ensangrentadas
y repasé el pasado como se encadenan las manías:

una historia se termina
cuando nace
el primer reproche.

Veinticuatro

Me dicen que tengo que olvidar
cuando suenan los silbatos de la noche.

Olvidar el recuerdo,
yo quise olvidar la memoria.

Veinticinco

Qué se espera de la desesperanza
con sus espejos metálicos
y el hambre de la sangre.

Es el silencio una forma de erosión,
por eso las lágrimas dejan un surco en el rostro.

Qué dirá el silencio
que no haya gritado ya el miedo.

Qué dirá el miedo
que no haya sentenciado antes la soledad.

Hay una única huella
que nos ha hecho olvidar el camino.

Veintiséis

Verticalidades impuestas
en la agonía de la perfección,
levantar la cerviz
pagando el precio de quien se desnuca
contra los bordillos de la exigencia.

Soy mujer
en un mundo de sombras entalladas,
rozando mi pelvis con los ejércitos de la insignificancia
que me dicen que nunca llegaré a ser lo que esperan de mí;
los que ya no esperan nada de sí mismos.

Se ha roto el hechizo
de la idealización de la piel
de otro cuerpo que no es el mío,
que me amen deshilachada
o que no me amen.

Veintisiete

Algo cambió aquel día.
Lo sé porque lo que ayer era río
hoy es coágulo en la rutina,
una lágrima haciendo equilibrios sobre la retina de una promesa.

Vuelvo a estar entre la espada y el latido,
repitiendo para mí misma la penitencia,
convirtiéndola en nana y arrullo
antes de anunciarme pecadora
incluso en el mero pensamiento.

Ayer éramos una flor,
flor de juventud y vida;
también lo somos hoy,
no hemos perdido la fragancia,
pero esta vez el pasado nos ha colocado
sobre una lápida.

Veintiocho

Caminé sobre mis pasos hasta el inicio,
allá donde se nace con el llanto ronco
de la soledad que no conoce madre,
donde el enemigo parecen ser la luz
y la vida,
cuando el empuje de vísceras
es la única posibilidad
y verdad absoluta
que olvidaremos
cuando nos rompan el corazón.

Veintinueve

Deberes del muerto viviente:

Asumir la frecuencia cardiaca
de las despedidas inminentes.
Imprimir el riego vital que escupe
la sensación de abandono
bajo la que vive el sentenciado a muerte.

Aprendizaje:

el dolor se acumula,
el sufrimiento se elige,
la decepción
te mata.

Treinta

Cuánto desamor
cabe en el amor.

Y lo pienso siempre que me despido
sin despedirme, en silencio,
sin decirte adiós.

Me hierve la sangre
y descubro que es nuestra falta de aritmética
la que enciende sin remedio las brasas de la culpa,
nunca vendrás en mi búsqueda,
nunca sabrás quién cierra la puerta.

Necesito un espacio entre nuestras letras,
ya no veo cómo se juntan nuestros nombres.

Somos un futuro en retroceso,
un olvido olvidado,
una glotis tragando tierra
y duelo.

Todos los días podría terminarse
lo que cada segundo exige volver a empezar:
ese es el pacto.

Treinta y uno

Llega el día.
Simplemente
recoges todos tus pedazos del silencio
y dices:
esto es querer,
pero ya no es amor.

Treinta y dos

Alcanzo el gemido,
explota mi garganta en un llanto gutural,
astronomía del sonido,
pieza insensible para algunos oídos.

Necesito detener
las imágenes tiradas del carrete de mi imaginario.
Soy mi alma metida en otro cuerpo,
en otra vida,
en otra memoria.

Gimo
como una perra descubriendo el éxtasis,
soy una navaja cortando un himen
sin el pudor que requiere,
con la mente sucia del impulso.
Esta es la inocencia muerta del primer amor.

Gimo
para no gritar auxilio.

Este rencor suplica perdón
y yo intento aplicar la penitencia:
el suplicio de amar
a quien puedes perder.

Soy una herida abierta
esperando a que el tiempo
acabe por fin de ser dolor
para ser
tan solo sangre.

Treinta y tres

Sería difícil explicar
qué me duele del murmullo: su paso erosivo,
su risa burlona,
que reduce todo lo que me importa en la vida
a cero.

Acaso prefiero el silencio,
aunque ladre la conciencia
y cambie de raza
conforme cambian los huesos.

Sus señorías de la nada
me colgaron la estrella dorada en el pecho.
Desde entonces me señalan
todas las flechas de lo incorrecto.

A estas alturas
no sé si es mejor
vivir a orillas de la penitencia y de la culpa
o en brazos de la súplica.

Muchas veces pienso,
acunada en el pitido incesante del susurro,
qué habría elegido de haber podido hacerlo:
ser pecador
o ser mártir.

Treinta y cuatro

Si inventar tu nombre fuera borrar tu pasado
y con ello todas tus sombras y sus devaneos
con todo lo que tiene que ver con el alma
y los cuerpos...

Si pudiera seguir el rastro de tus lágrimas
para saber por qué nacen
y quién eyacula su pena...

Si los condicionales fueran capacidades
y el presente mediara entre la vida y el tiempo...

Si quererte fuera borrar tus huellas,
quiénes seríamos
sino vagas sombras
de lo que ya no somos.

Pero cuando recuerdo la histeria
y la sangre recalentada sube hasta mi cerebro
quisiera que no fuéramos nada más que un lienzo,
dos cuerpos naciendo antes del tiempo
y conscientes de que precisamente así
es como se tienta a la muerte.

Un llanto desconsolado:
ese es el único y gran comienzo.

Treinta y cinco

Valgo esto:
el segundo de anestesia
antes del adiós,
con las astillas de la puerta inundada
de lágrima y purga
que cierra mi futuro
y su himno envejecido.

Cada vez que me rompen el corazón
siento que ya no existo.

Otra vez volver a empezar
sin saber ya
si volver a amar
no será
otro error,
el punto final
definitivo.

Treinta y seis

Necesitamos que nos elijan,
nuestra voz entre mil bocas,
la curva de la espalda
como única emergencia,
que nos señalen ante la gran obra.

«Eres tú
y nadie más».
Que nos digan:
«quién si no
en este mundo, quién si no
de todas mis sombras».

Treinta y siete

Hoy solo quiero soñar contigo,
restregar el pecado por el recuerdo no vivido
de dos pétalos moviéndose
con la única ayuda de la lluvia y la saliva.

Hoy quiero paladear la boca
de la que tanto he escrito.

Treinta y ocho

La nostalgia herida
como el paso en falso de Ícaro.

El tiempo amordaza
cuando se viste de seda blanca
y derrama lágrimas de oro.

Ayer,
cuánto te lloré
y cuánto te extraño.

Qué ilusa ilusión
la que alumbraba entonces mis ojos;
era un claroscuro de luna,
el despertar de la muerte de la mañana.

A veces te miro y recuerdo
que lo éramos todo,
me desangro al deletrear el pasado
y sueño con volver a ti
como uno vuelve al halo de luz azulada
de su infancia.

Treinta y nueve

Sabes que prefiero el tacto cálido del latido
al humo del imaginario
y hablar de la caída incorregible
como quien no ha hecho nunca una maleta por amor.

Pero a veces,
y tú lo sabes,
tal error supone
una gravedad insalvable.

Yo nunca tuve alas,
yo no quiero volar.

Cuarenta

Es importante,
me dijeron,
no perderse en el eco hipnótico de un murmullo,
pero cuánto duele un susurro,
cuánto araña el rumor del agua
cuando lo que lleva
río abajo
son nuestros nombres.

Cuarenta y uno

Ya no viajo en el huso de la
palabra para tejer reproches,
no.
Es en un silencio donde caben todas mis preguntas.

Aprendí a no pedir explicaciones
cuando el dolor se escribía en pasado,
son páginas leídas
y yo no tengo control alguno sobre el tiempo.

La vida sí permite erratas
y recomienzos.

La memoria,
mi amor,
ya no.

Cuarenta y dos

El recuerdo no es la voz del pasado,
sino una nube de ceniza
que cubre de cualquier ayer
la experiencia sentida del hoy.

Aquel no fue el beso que diste,
y la herida sangrante
causó el dolor del parto sin anestesia
del hombre más infeliz de la tierra.

Del mismo modo que la fotografía
no es más que acuarela instantánea,
lo que recuerdas
no es lo que viviste.

Solo es un murmullo que vuelve,
una niebla que no cesa
y habla de tu sombra joven
en plena primavera de guerra.

No bastó con querer

Cuarenta y tres

Temo la soledad por su silencio.
En los charcos que dejan los ecos
consigo descifrar
el rastro ensangrentado
que deja la intimidad desnuda.

El miedo susurra.

Una ciudad entera me comprime el pecho;
la tristeza adormilada y apática,
la que presume de negociar con la muerte,
no me permite ni llorar.

Al menos una lágrima,
que sea oxígeno o salvoconducto.

Al menos una lágrima
para tener un motivo,
que si algo sigue doliendo es que llora la vida.

Al menos una lágrima
por la que quedarse.

Cuarenta y cuatro

Revivir hasta la última gota que calmó la sed,
como la flor rebelándose contra la tierra seca.

Respirar
sin estar contaminada de la prisa,
del ansia de llegar a donde mueren los relojes.

El corazón tan abierto
que la vida
no puede significar nada más
que amar
hasta el último aliento.

Cuarenta y cinco

Nunca te diré que lo sé todo.
Acarrearé con la culpa del silencio
y el pesar del escarnio.

Lubricaré mi corazón
como los viejos engranajes
para no ceder a la histeria
ni caer en la apatía.

Aprenderé,
si es que se aprende,
a ponerle grifos a la pena.

Lloraré sin que nadie lo oiga
para que lo que es rumor
no deje de ser embrión
y empiece a ser verdad.

Vieron mis manos,
pero nunca mis huellas.

Jamás les confesaré mis penas.

Cuarenta y seis

Gracias por el olvido.
Me hizo recordarme.

Cuarenta y siete

Miedo.
Esa era la respuesta.

Aquella noche de diciembre
me suplicaste que te diera la llave
con la que descorchan los silencios
aquellos que no tienen deudas.

Miedo.
Esa era la respuesta,
la que tú me pedías
y yo trataba de esconder.

Bajo las mil capas del olvido
encontré un camino
de vuelta a la infancia.

Son estas las cadenas
que palpo sobre mi cadáver
con la naturalidad de la llaga y de la piel.

¿Sentiste aquella noche
el frío helado de sus hierros
al juntar nuestros cuerpos?

Cuarenta y ocho

Lo daría todo por ti,
excepto el perdón.

Cuarenta y nueve

Es parte del juego,
dicen:

Apostar
para poder ganar.

Pero yo siempre camino
al lado
de los que pierden.

Cincuenta

Rozo mis límites,
se enrojecen los amaneceres de mi piel
y mi herida,
me quemo con ellos,
lamo mis golpes.

Me hieren todos los lamentos
que lloré hace dos vidas.

El vaso medio vacío
y yo
ahogándome dentro.

Cincuenta y uno

Epitafio:

Me dejé el corazón por el camino
por si un día descubrías
que no sabías cómo volver.

B.M.
Gracias, espero que estés orgullosa de mí

Índice

Este libro
se terminó de imprimir
en el mes
de abril de 2021